湾区有段古系列丛书

粤语有段古

俗语篇

李沛聪 ◎ 编著　　李卓言 等 ◎ 绘图

SPM 南方传媒　广东人民出版社
· 广州 ·

图书在版编目（CIP）数据

粤语有段古·俗语篇 / 李沛聪编著. — 广州：广东人民出版社，2022.5
ISBN 978-7-218-15757-3

Ⅰ. ①粤… Ⅱ. ①李… Ⅲ. ①粤语－俗语－通俗读物 Ⅳ. ①H178-49

中国版本图书馆CIP数据核字(2022)第063300号

Yueyu Youduangu · Suyupian
粤语有段古·俗语篇
李沛聪 编著　李卓言 等 绘图　　版权所有 翻印必究

出 版 人：肖风华

责任编辑：黄洁华　李丽珊　李辉华　郑方式
责任技编：吴彦斌　周星奎

出版发行：广东人民出版社
地　　址：广东省广州市越秀区大沙头四马路10号（邮政编码：510102）
电　　话：（020）85716809（总编室）
传　　真：（020）85716872
网　　址：http://www.gdpph.com
印　　刷：广州市豪威彩色印务有限公司
开　　本：889mm×1194mm　1/32
印　　张：3.5　　字　数：100千
版　　次：2022年5月第1版
印　　次：2022年5月第1次印刷
定　　价：36.80元

如发现印装质量问题，影响阅读，请与出版社(020-85716809)联系调换。
售书热线：（020）85716826

前言

　　我们常常说,中华文化博大精深,源远流长,这其中,就包括了中国的语言和文字。在汉语大家庭里,粤语是一个有着悠久传统和丰富特色的地方语种,随着中原地区大量人口迁移到岭南,古代中原汉语与南越的地方语言逐渐融合,形成了后来的粤语。粤语一定程度上保留了古代中原汉语的许多发音方式和表达方式,并在岭南地区生根发芽,延续至今。

　　而除了历史悠久之外,粤语又因为地处沿海,商贸发达而吸收了许多世界各国的元素,为这个古老的语种注入了新的活力。

　　就像岭南特色的骑楼建筑一样,粤语既传统,又新鲜,既中国,又世界。

　　也正因为如此,粤语的元素极其丰富,有

许多独特的俚语、俗语、歇后语乃至创新词汇，而在这些词语的背后还往往有一段有趣的典故。

不过随着时间推移，一些曾经流行一时的说法已经渐渐被淡忘；而许多依然留在人们口边的词汇，大家也已经不知道它的出处，更别说背后的故事了。

而这些词语和典故，正是构成粤语文化的一个重要部分，失去了这些特色，粤语的独特风格和吸引力就欠缺了几分。

为了让更多朋友能够了解粤语里的这些文化和知识，我们尝试用"小故事+插图+音频"的形式，为大家将这些散落的珍珠汇聚串联起来，希望通过阅读一系列"粤语有段古"，能够让大家对粤语有多一分认识，也增添多一分兴趣。

目录

耍花枪——"打情骂俏" / 001

生仔姑娘醉酒佬——"唔制又制" / 002

十月芥菜——"起晒心" / 003

三水佬考试——"少个得个" / 004

六国大封相——"乱七八糟" / 005

大烟囱——和"别有天" / 006

冇晒符——"点算好" / 007

惊青 / 008

洗脚唔抹脚——"大花洒" / 009

"散水"——轻轻的我走了 / 010

摸门钉——"吃闭门羹" / 011

菠萝鸡——"靠黐" / 012

李我讲古——"包衰收尾" / 013

包拗颈——"杠精" / 014

死人灯笼——"报大数" / 015

年三十晚谢灶——"好做唔做" / 016

掂煲容易箍煲难 / 017

定过抬油——"稳阵到极" / 018

唔听你支死人笛 / 019

水静河飞 / 020

床下底破柴——"包撞板" / 021

老猫烧须——"太不小心" / 022

反转猪肚就系屎 / 023

乸人落踏 / 024

过咗一戙 / 025

楔灶罅 / 026

春瘟鸡 / 027

执死鸡——"好波不如好命" / 028

落手打三更和落笔打三更 / 029

把炮和劈炮 / 030

大镬 / 031

食死猫 / 032

卸膊 / 033

蛇王 / 034

有风驶尽䉆 / 035

冇掩鸡笼——"自出自入" / 036

磊蹉 / 037

扯猫尾 / 038

摆乌龙 / 039

做惯乞儿懒做官 / 040

有事钟无艳，无事夏迎春 / 041

一砖豆腐想升仙 / 042

上屋搬下屋，唔见一箩谷 / 043

屎坑关刀——"文又唔得，武又唔得" / 044

执条袜带累副身家 / 045

食得咸鱼抵得渴 / 046

黄鳝上沙滩——"唔死一身潺" / 047

新鲜萝卜皮 / 048

踢晒脚，一脚踢 / 049

揪秤 / 050

受人二分四，做到嗦晒气 / 051

新屎坑,三日香 / 052

食谷种 / 053

同台食饭,各自修行 / 054

手指拗出唔拗入 / 055

龙床不如狗窦 / 056

密实姑娘假正经 / 057

剃人眼眉 / 058

三口六面 / 059

行船走马三分险 / 060

大良阿斗官 / 061

戥穿石 / 062

无声狗,咬死人 / 063

边有咁大只蛤𫚭随街跳 / 064

跪地餼猪乸——"睇钱份上" / 065

千拣万拣,拣个烂灯盏 / 066

杀人放火金腰带,修桥整路冇尸骸 / 067

瘦田冇人耕，耕开有人争 / 068
三元宫土地——"锡身" / 069
倒泻箩蟹——"好头痕" / 070
搣手唔成势 / 071
兜踭 / 072
外母见女婿，口水嗲嗲渧 / 073
未食五月粽，寒衣未入柜 / 074
冇咁大个头，唔好戴咁大顶帽 / 075
塞窦窿 / 076
化骨龙 / 077
岩巉 / 078
四四六六 / 079
论尽 / 080
食人只车 / 081
大鸡唔食细米 / 082
屋漏偏逢连夜雨，船迟又遇顶头风 / 083
怕你怕过米贵 / 084
大洲龙船 / 085
刀仔锯大树 / 086

鞁鞥 / 087

冇尾烧猪——"唔慌好事" / 088

过咗海就系神仙 / 089

执输行头，惨过败家 / 090

曹操都有知心友，关公亦有对头人 / 091

黄皮树鹩哥——"唔熟唔食" / 092

一本通书读到老 / 093

罗汉请观音，客少主人多 / 094

同人唔同命，同遮唔同柄 / 095

太公分猪肉——"人人有份" / 096

好眉好貌生沙虱 / 097

双门底卖古董——"开天索价，落地还钱" / 098

梅花间竹 / 099

抵冷贪潇湘 / 100

后记 / 101

耍花枪的普粤之别

有一些词语,在普通话和粤语里面都有,但表达的意思却有所不同。

例如耍花枪这个词,在普通话里是卖个破绽引人上当,或者弄虚作假的意思,出自京剧的武打戏。而在粤语里面,耍花枪则是情侣爱人之间打情骂俏的意思。粤语耍花枪,据说是出自粤剧的著名作品《薛丁山征西》里面薛丁山与樊梨花大战的一场戏。当时薛丁山与樊梨花情投意合,但因为各为其主,在战场上又不得不刀枪相向。结果场面上刀来枪往打得十分激烈,但实际上却是眉来眼去,暗通款曲。

所以后来大家就用耍花枪这个词,来形容打情骂俏,表面争吵实际上郎情妾意的情形了。

生仔姑娘醉酒佬 "唔制又制"

生仔姑娘和醉酒佬有什么关系?

大家都知道,女性生育,是一件很痛苦的事,尤其是在医学技术还比较落后的时代,生个孩子简直就像是鬼门关走一回,既痛苦又危险,所以很多刚刚生过小孩的女性都会声称"再也不生了!"

但中国传统讲究多子多福,生儿子多的女性在家里的地位往往比较高,加上母性也会促使女性继续生育。所以不少声称"再也不生"的女性,到头来还是继续生育。

与此相似的,是喝醉酒的人,第二天宿醉刚醒头痛欲裂,往往号称"再也不喝了",但事后依然是照喝不误啦。

所以,广东人就用"生仔姑娘醉酒佬",来形容那些嘴巴上说不要,但实际上又忍不住的人,说他们"唔要又要""唔制又制"了。

十月芥菜起晒心,说的是男生还是女生?

芥菜是广东人经常食用的蔬菜之一,一般认为有清热的功效,对于怕"热气"(上火)的广东人来说是非常健康的蔬菜品种。芥菜一般在春季开始栽种,到了秋季,也就是大概九到十月份,就会孕蕾结出花心,粤语里面称为"起心"。而"起心"这个词在粤语里面也有对异性感兴趣、思春的意思,于是就诞生了一个歇后语,叫"十月芥菜——起晒心"了。

不过这个词通常用来形容女性对男性起意,很少用来形容男性对女性感兴趣的。大概是因为女生性成熟比较早,而结出花心这个状况也比较适宜用于形容女性吧。

三水佬考试 "少个得个"

古代科举考试竞争十分激烈,要中举十分不容易,连考很多年都考不上的情况十分普遍,所以父亲和儿子一起参加考试也算是常见现象。甚至有的儿子考上了,父亲还没考上,也不奇怪。话说当年在广东三水,有一对父子一起参加科举,考完之后,儿子跟父亲说这次发挥不好,恐怕会落第,本以为父亲会好言安慰,谁知这个父亲竟然高兴地说:"哎呀,好啊,少个得个!"言下之意,是竞争对手少一个是一个,即使是儿子也没情面讲,真是考场无父子。于是,就有了一句歇后语,叫"三水佬考试,少个得个",也就是少只香炉少只鬼的意思了。

"乱七八糟!"

六国大封相

六国大封相可不是什么好事

六国大封相,本来是粤剧里面的一出著名的大戏,讲的是战国时期,早年际遇不佳又被家人看不起的苏秦以合纵之计,联合东方六国共同抗秦,得到六国承认,挂六国相印,风头一时无两的故事。因为这出戏演出人数很多,十分热闹,所以"六国大封相"这个词,除了出人头地的意思之外,本来还有热闹非凡的意思。

但在1951年,香港发生一起命案,在湾仔有个姓朱的租客忽然发狂杀人,造成三死三伤,轰动一时。这个朱姓租客因为经常被人看不起,最喜欢讲"总有一日做出六国大封相你睇",本来大家以为他是要学苏秦出人头地,殊不知他竟然以杀人制造轰动。

所以后来,大家又将"六国大封相"引申为大件事,乱七八糟,情况难以收拾的意思了。

大烟囱和"别有天"

广东人喜欢"讲意头",对于一些不吉利的词往往都喜欢用其他的词来代替,例如"空"因为与"凶"同音,所以往往用"吉"来代替。而送人最后一程的殡仪馆,当然也属于"意头唔好"之列,所以也往往会用其他词来代替。

以前广州地区的人对于殡仪馆有两个称呼,一个叫"大烟囱",这是因为殡仪馆要火化尸体,而当时的环保水平比较低,需要用到很大的烟囱,常常冒出浓烟,所以广州人就用"大烟囱"来称呼殡仪馆。

而另一个讲法叫做"别有天",这是因为以前在广州有两家殡仪馆,一家叫"粤光",另一家则叫"别有天",取的是古诗"桃花流水窅然去,别有天地非人间"里面的意思。大家觉得"别有天"这个名听起来比较文雅,于是就喜欢用它来称呼殡仪馆了。

"点算好"

冇晒符

    大家以前看港产片，经常都会见到道士画符作法捉鬼的情节。事实上传统中国民间对于鬼神之事颇为紧张，遇到什么事情，往往都会请道士作法，祈福消灾，而道士作法的工具里面，符就是非常重要的一种。所谓符，一般是一张黄纸，道士以朱砂在上面写上与鬼神沟通的符号，通过焚烧起作用。这些符号自成体系，因为一般人不会辨认，所以称为"天书"。

    据说有一次，有个道士帮一户人家作法捉鬼。但经过三番四次作法，烧了无数张符，都没办法把这只鬼搞定。等到作法的符纸烧光，道士无计可施，唯有对主人家说："这鬼实在是太猛，我冇晒符了。"

    后来，大家就用"冇晒符"，来表达"冇计""没办法"的意思了。

惊青

惊青，出自舞狮的俚语

舞狮是南越地区很受欢迎的庆典活动仪式，从舞狮仪式之中也诞生了不少独特的词语，例如"擒青"，指的是做事太过匆忙急于求成之意。而除了"擒青"之外，从舞狮中生发出来的还有另外一个地道的粤语词——惊青。

所谓"惊青"，是形容一个人紧张、害怕、慌张的意思，还经常被讲成复词的形式——惊惊青青。那么惊青又是舞狮表演的哪一个部分呢？原来，舞狮采青的表演颇为讲究，有望青、惊青、试青、采青、吐青、谢青、醉青等动作，而惊青是指狮子刚刚见到要采的青，表现出一副吓了一跳、惊喜的样子。

大家见得多了，就用"惊青"来形容人害怕、慌张的样子了。

洗脚唔抹脚

"大花洒"

粤语里面形容一个人喜欢乱花钱，或者很能花钱，通常会称之为"大花洒"。花洒，就是用来浇花或者洗澡的莲蓬头，因为出水孔多，出水快，所以用的水也会比较多。"水"字在粤语里面也有钱的意思，所以出水，也就有花钱的意思了。一般的花洒出水已经很多，而大花洒出水自然更多，所以粤语就用"大花洒"来形容那些能花钱、乱花钱的人了。

除此之外，对于乱花钱的人，粤语还有个说法，叫"洗脚唔抹脚"，意思是洗完脚之后不擦脚，水就会撒得到处都是，对于认为"水为财"的广东人来说，也是很难接受的行为。

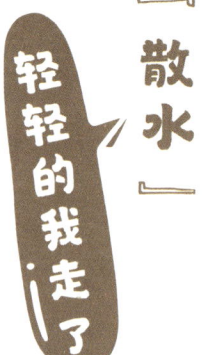

"散水"轻轻的我走了

轻轻的我走了=我静静鸡"散水"?

在粤语里面离开、解散、走人有个有趣的说法,叫做"散水"。

"散水"原本是个建筑术语,因为广东地区潮湿多雨,所以早年修筑房屋的时候,户外墙脚的部分,通常都会将外围做成向外倾斜的小斜面,方便将打在房屋上的雨水排走,防止积水以保护房屋,这种构造方式就称为"散水"。因为墙脚雨水流走的状况,与人四散离开的情形颇有相似之处,所以后来粤语就将"散水"这个建筑术语,引申为离开、解散、走人的意思了。

这个词是很地道的粤语词,颇有一点幽默鬼马的味道,例如将徐志摩的《再别康桥》里面"轻轻的我走了",翻译成粤语,就可以译作"我静静鸡散水"啦。

摸门钉的南北差异

摸门钉,在中国的北方是一个传统习俗,古时候在上元之夜,都城里那些还没生小孩或者没生儿子的已婚妇女,就会去正阳门摸城门上的门钉,以祈求得子,因为门钉的"钉",和男丁的"丁"是同音字。不过在粤语里面,"摸门钉"则是吃闭门羹,又或者到访不遇的意思,这个词意自然另有出处了。

据说在清朝末年,太平路关帝庙一带是童工市场,一到开工的日子,这里就会聚集大量童工,等候雇主挑选。因为僧多粥少,童工们往往要等候几个钟头,而且还未必能找到工作。在漫长的等待之中,童工百无聊赖,只能够摸着关帝庙门上的铜钉发呆。于是,大家就将这种百无聊赖地等待,不得其门而入的情形称为"摸门钉"。

后来童工市场不复存在,"摸门钉"这个词就逐渐演变成到访不遇,吃闭门羹的意思了。

菠萝鸡

"靠黐"

广州地区的南海神庙有个著名的庙会，叫做波罗诞，时间是每年农历的二月十三日。这个庙会据说是当今全国唯一一个祭祀海神的民间民俗文化活动，非常有特色，十分热闹，参加的人很多。民间俗语有云"第一游波罗，第二娶老婆"，可见庙会之受欢迎程度。

在波罗诞上，很多人会售卖一种工艺品——菠萝鸡。这只菠萝鸡用颜色丰富的纸片黏合而成，可以说是波罗诞的著名文创产品，很受欢迎。因为这只菠萝鸡是黏合而成，所以就诞生了一句歇后语，叫"菠萝鸡——靠黐"，用来形容那些喜欢占人便宜的人。

关于这个"靠黐"还有另外一个说法，话说早年城里人去参加波罗诞，因为路途遥远，又需要路过水路，难免会弄湿鞋裤，颇为麻烦。有些当地的妇女见此情形，就负责背这些游客过水，赚些外快。游客中有些好色之徒趁此机会揩油，而有些村妇为了多得赏银也顺从配合。此情此景，就被形容为"菠萝鸡——靠黐"了。

李我讲古 "包衰收尾"

讲古，是广东地区的传统文化艺术表演形式，和传统戏曲一样，一直很受广大群众欢迎，和北方的评书可谓交相辉映。因为以前很多讲古艺人都在村口榕树头表演，所以常常被称为"榕树头讲古佬"。我们这一代改革开放初期成长的广东人，很多都是听张悦楷、林兆明讲古长大的，他们从传统故事讲到武侠小说，当时可谓街知巷闻，影响了几代人。

而如果时间再往前推，去到20世纪40年代，最受欢迎的讲古佬则是李我。这位李我讲古声情并茂，很能打动听众，不过不知为何，他讲的故事大部分都是悲剧结局，可能是悲剧特别动人吧。老广们听得多了，就总结出一句歇后语，叫"李我讲古——包衰收尾"，用来形容事情一定没有好结果。

不过现在时移势易，已经很少有人知道这位当年的讲古大师了，只剩下这句歇后语，还记录着他当年的辉煌。

杠精在粤语里叫什么？

现在社交网络平台上面有些人不管什么事都有意见，不管什么事都反对，普通话称之为"杠精"，那么这个"杠精"翻译成粤语应该叫什么呢？

粤语里面，对于这种什么事都反对的人，我们称之为"包拗颈"。"拗颈"这个词，其实是一个古音词，原来的写法应该是"拗挈"，是争吵和固执的意思，在古代百越语里面，"挈"字的发音和"颈"字相近，所以后来大家讲得多了，就把这个词写成"拗颈"，指顶嘴、顶撞、争吵的意思。

而"包拗颈"，是指一个人不管什么事都喜欢顶嘴和反对，凡事"包拗颈"，所以称之为"包拗颈"，相近的还有"包顶颈"的说法，意思也差不多。

死人灯笼 "报大数"

不论古今中外，在数字上造假都是一些人的惯用伎俩。粤语里面对于数字造假，一般称之为"笃数"，意思是数字随便乱笃。除此之外，粤语里面还有一个歇后语也和数字造假有关，叫"死人灯笼——报大数"。

这个歇后语源自于一个旧习俗，以前一家之中如果有老人去世，就会在大门前挂一对报丧的灯笼，用大黑字在上面标明姓氏，然后再以小字标明死者的终年岁数。一般来讲，这个岁数都会比死者的实际年龄要大，因为以前计算年龄，有所谓"天一岁，地一岁，人一岁"的说法，所以一般灯笼上标注的岁数会比死者实际年龄大三岁。

于是，就有了这个"死人灯笼——报大数"的说法啦。

"好做唔做"
年三十晚谢灶

灶神，又称为灶君，是中国古代传说中的神灵之一，主管各家各户的炉灶，负责保佑大家伙食不断，饮食平安。除此之外，因为在各家各户都有灶头，所以据说灶君还肩负着为玉皇大帝监视家家户户，看看大家有没有做坏事的工作。为了祭祀兼讨好灶君，民间习俗是在年廿三晚拜祭灶君，广东地区称为"谢灶"，一方面希望灶君老爷继续保佑，另一方面希望他老人家去到天庭不要乱告状。

据说，灶君每年会在年三十晚上天庭向玉帝做报告，如果你错过了年廿三，等到大年三十才去谢灶，灶君都走开了你才来拜祭，那就毫无作用、多此一举了。所以，粤语里面就有句歇后语，叫"年三十晚谢灶——好做唔做"了。

掟煲容易箍煲难

粤语里面谈恋爱称为"拍拖",而分手则称为"甩拖",这个说法与早年的渡轮有关。除了"甩拖"之外,分手在粤语里面还有另一个更常用说法,叫做"掟煲"。

很多情侣感情出了问题,就喜欢吵架,而一吵起来则喜欢乱扔东西,现在可以扔手机砸电视,以前没有电器可以扔,就只能扔碗碟煲罐之类。广东人喜欢喝汤,煲汤的煲十分重要,连煲都扔烂了,最后往往就难免分手收场了。而且破碎一地的瓦片,也容易让人联想起破碎的感情,所以大家就将分手称为"掟煲"了。

而由此引申开来,试图重新撮合准备分手的男女,则称为"箍煲"。以前沙煲如果出现裂纹但还未烂,可以用铁线箍起加固,以便继续使用。这个做法,与重新修复破裂的男女关系,确实有异曲同工之妙。

不过说真的,掟煲很容易,箍煲的难度就大得多了。

一个人做事如果很有把握，或者十分可靠，绝不会出错漏，粤语里面就会称之为"定过抬油"。

这个词的出处有两个不同的说法。一个认为这个"油"指的是一般食用的油，抬着油走路，当然要小心翼翼，十分稳妥，所以"定过抬油"，就被用来形容为做事十分可靠有把握。关于抬油，还有个小故事，说的是当年在番禺市桥有位武林高手韩全隐居民间，以卖油为生，他是洪拳名家，下盘功夫扎实，抬着一大桶油走路还是十分稳定轻松，一点油也不会溅出来，所以被街坊称为"定过抬油"。

而另一个说法则认为，所谓"油"，并非一般意义上的油。在古百越语里，观音菩萨被称为"油"，所以抬油其实是指抬菩萨的塑像，此事既神圣又重要，当然特别需要稳定安全。那么定过抬油，自然就更加"稳阵，实冇走鸡"了。

唔听你支死人笛

在粤语里面形容一个人不听话，不听指挥，有个说法叫"唔听笛"。"听笛"，在粤语里面有听指挥的意思，"唔听笛"自然就是不听指挥了。那么为什么听指挥叫"听笛"呢？

原来，以前小康人家出殡，都会请一支乐队在前面吹奏送行，而吹奏出殡的音乐最主要的乐器是唢呐，其他乐器都要跟着唢呐来吹奏。古时候乐器的分类不像现在这么细致，大凡是吹奏的乐器都称之为"笛"，所以听着唢呐的指挥来吹奏，就是"听笛"了。后来引申出来，就变成听指挥、听话的意思。例如在周星驰的电影《审死官》里面，那位山西布政司"最听他娘亲支笛"，就是"最听娘亲话"的意思。

所以在粤语里面，有个歇后语，叫"阿聋送殡，唔听你支死人笛"，表达的就是不听你指挥的意思。

水静河飞

水静河飞，还是水静鹅飞？

粤语里面形容一个地方很安静没什么人气，又或者生意很惨淡，都可以用"水静河飞"这个词。"水静"比较好理解，当然是指河面或者湖面的水很平静，而"河飞"是什么意思呢？

原来这个词的原文应该是"水静鹅飞"，指到了秋冬季节，水面上的候鸟都飞走了，所以水面十分平静。大家就以此情景，来形容那些安静的场面，或者生意不好的地方。

只是后来不知为何，以讹传讹，被大家说成了"水静河飞"，最后反而变成了约定俗成的说法了。

床下底破柴 "包撞板"

撞板，撞的可不是木板

一个人做事如果不成功，做错了事，吃了亏受了打击，普通话里面称为"碰壁"，而粤语里面则称为"撞板"。有人以为"撞板"与"碰壁"一样，都是用撞到障碍物来形容遭遇打击，但事实上粤语的"撞板"另有出处。

粤语里面的"撞板"，撞的不是木板床板，而是粤剧里面打拍子的板。在粤剧里面，对节拍有"板"和"叮"的说法，强拍为板，弱拍为叮，如果唱戏或者演奏的人节奏不对，就会与节拍发生冲撞，在戏行里就称为"撞板"。后来引申开来，就成为了做事失败、做错事、受打击的意思了。

由此，还引申出一个歇后语，叫"床下底破柴——包撞板"，形容某些人做事一定会出错的意思。

老猫烧须

"太不小心"

大家都知道,猫的胡须很有用,据说可以用来量宽度,看看自己钻不钻得过窄处,所以对于猫来说很重要。

以前在农村,冬天的时候,猫为了取暖,晚上都喜欢钻进熄了火的灶炉里,到了天亮主人起来烧火做饭,猫就会马上跑开,否则一点火,不但猫须被烧,而且逃得慢分分钟被烧死。一般来讲,老猫经验丰富比较少出危险,小猫有时贪睡就容易出事故,如果经验老到的老猫也把须给烧了,那就实在是太不小心了。

所以粤语里面,就用"老猫烧须",来形容经验丰富的老手,因为大意犯了新手的错误的情形。

反转猪肚就系屎

猪肚,也就是猪大肠,是广东人餐桌上的一道美味佳肴,不过很多外地的朋友就未必敢尝试。

猪肠属于排泄系统的一部分,表面上光滑整洁,但里面则藏有排泄物,所以屠夫在清洗的时候,需要将猪肠的内部翻出来,将里面的排泄物清理干净,才能送入厨房烹饪。表面光洁的猪肠一番反转,就是肮脏的排泄物,对比颇为强烈,所以在粤语里面就用"反转猪肚就系屎",来形容那些忽然翻脸不认人、反目成仇乃至恩将仇报的情形了。

例如你的老板前一天还表扬你工作做得好,今天忽然要"炒你鱿鱼",那你就可以骂他"反转猪肚就系屎"啦。

氹人落踏,落的究竟是什么踏?

粤语里面形容被人诱骗,落入别人设好的圈套,称为"落踏"。例如骗人去赌钱或者购买不可信的投资产品,我们就可以称之为"氹人落踏"。那么这个"落踏"究竟出自于何处呢?

原来,所谓"踏",指的是鸟笼里鸟儿站立的那根横条,"落踏"就是跳下踏脚的横条之意。以前民间流行斗鸟,比斗的时候会将两个鸟笼的门打开,用食物或者其他办法,诱导笼中的鸟儿跳下踏脚的横条,进入斗鸟的场所。这些鸟儿本来未必想互相争斗,只是被人"氹"(诱导),才会跳下脚踏,所以后来大家就用"落踏",来形容被人诱骗,中人圈套的情形了。

不过这个词在日常的使用里,也未必完全是贬义,例如销售人员成功卖出不容易销售的产品,也会说客人终于"落踏"了,这里的意思则不完全是中圈套被诱骗的意思,只是指客人终于被销售打动,掏钱购买而已。

好像近年来的网红主播带货,就"氹"了不少人"落踏"啦。

过咗一戚

被人"过咗一戚"

在粤语里面,形容被人整蛊,或者中了别人的计谋,称为"被人过咗一戚",那么何为"过一戚"呢?

原来所谓"一戚",指的是两只牌九或麻将叠在一起。在打牌九或者麻将的时候,当庄家砌好牌之后,闲家有权要求"过一戚",也就是把最前面的一戚牌放到最后,这个做法一在防止庄家出千,二在于打乱庄家的运气,以期望能扭转局面。

后来,大家就用"过一戚",来形容整蛊人,或者欺骗人的意思了。

剩女为什么叫"楔灶罅"？

旧时候，对于那些嫁不出去的女子，粤语里会有卖剩蔗、萝底橙的说法。除此之外，还有一个讲法，叫"楔灶罅"。为什么嫁不出去的女子被人说是"楔灶罅"呢？

原来，以前家中厨房灶头，都是女性负责的，一个家庭里面如果哥哥娶了老婆，而妹妹长时间没嫁出去，两个女人之间就容易有矛盾，嫂子就会嫌妹妹妨碍自己在家中的地位，在厨房也是"阻头阻势"（碍手碍脚）。于是家长里短之际，就会说老公的妹妹老是不嫁出去，留在家里也没什么用，难道要留来楔灶罅？所谓"灶罅"，是指厨房炉灶上破损的缝隙，通常都是用些没用的杂物来临时堵住，而堵塞在粤语里称为"楔"，所以这些嫁不出去的女子，就被认为是多余无用之人，和厨房里面那些楔灶罅的杂物没什么两样了。

当然了，现代女性自立自强，对于是否结婚已经不像当年那么在乎，所以很多单身女性都会大声说："楔灶罅，冇有怕！"

舂瘟鸡

上课唔好"舂瘟鸡"

人得了病,我们称之为"病人",而家畜家禽得了病,我们通常称之为"瘟",例如鸡瘟、牛瘟等等,所以得了鸡瘟的鸡就称之为"瘟鸡",或者"发瘟鸡"。这些病鸡因为身体不适,走路的时候往往垂头耷脑,站立不稳,"舂下舂下",乱走乱撞,看起来和那些没精神、打瞌睡的人颇为相似,所以粤语里面就用"舂瘟鸡"来形容一个人没精打采,精神不振,又或者做起事来毫无章法,乱七八糟。

例如我们小时候上课打瞌睡,老师就会批评说:"你们晚上早点睡,不要上课舂瘟鸡啦!"

执死鸡

"好波不如好命"

我们看足球比赛的时候，如果看到球员因为对方球员失误轻松获得入球，又或者队友进攻被对方挡出之后自己轻松射入，粤语的解说就往往会说这个球员"执咗只死鸡"。所谓"执死鸡"，是指捡到便宜、"揾到着数"的意思。

话说以前鸡贩在市场上卖鸡，一般都是卖活鸡，如果鸡死了往往就卖不出去，只能拿去扔掉。有些人见此机会，就会把鸡贩扔掉的死鸡捡回家。大家觉得这个做法不花钱就能吃到鸡，即使是死鸡也算是捡了个便宜，于是后来就用"执死鸡"，来形容捡到便宜的情形了。

这个词常用来比喻因得到别人舍弃或不要的东西，反而得到好处或者意外的便宜。比如，球赛门票一票难求，正要放弃的时候，遇到有买到票的小伙伴去不成要退票，这样的情景就可以用"执死鸡"来形容了。

落手打三更和落笔打三更

粤语里面形容一个人做事一开始就没做好，有个说法叫"落手打三更"。

相传以前有个更夫晚上出来打更，本来打更的时候应该从一更打起，可正当他要打一更的时候，有只老鼠跳到他的更鼓上面，更夫举起鼓棍想打老鼠，结果连打三下没打中，只打响了更鼓，老鼠却跑掉了。大家听到更鼓连响三下，都搞错了，以为已经三更天。这位更夫一出手就摆了个乌龙，就被人说是"落手打三更"，后来这个词就被大家用来形容做事的时候一出手就出问题。例如看足球比赛，一支球队一开场马上失球，我们就可以说这支球队"落手打三更"了。

除此之外，粤语里还有一个"落笔打三更"的说法，大概是将写文章与"落手打三更"这句俚语结合了起来，形容一个人写文章一下笔就已经错漏百出，后来也被引申为做事一开始就出问题的意思。

把炮和劈炮

在粤语里面，往往将枪称为"炮"，可能有意和冷兵器里面的枪区分开来吧。例如我们看香港警匪片，就经常听到警察将自己的配枪称为"我支炮"，而由此也引申出一些地道的粤语词语。

例如"把炮"，"把"是拿着的意思，"把炮"原意是拿着枪，拿着枪的人当然凶一点厉害一点的啦，所以大家就用"把炮"，来形容厉害、有本事的意思了。

又例如"劈炮"，原本是指警察辞职的时候，会将配枪交还，就是所谓的"劈低支炮"，早期这个词只在香港警界使用，后来传开了，就被普遍用于炒老板鱿鱼，辞职走人的场景了。

镬对于广东人真的很重要

煮东西吃、炒菜的厨具，普通话里叫"锅"，而粤语里面叫做"镬"，大家都知道广东人好吃，所以跟这个"镬"相关的俚语有不少。

普通话里的锅，不仅指煮菜的厨具，也引申为祸事、责任，所以就有"背锅"这个词，而在粤语里面，则称为"孭镬"，而对于很大件事、情况很严重，则称之为"大镬"。例如你上学忘记带作业，就可以说"大镬啦，唔记得带功课添！"

除此之外，还有"一镬熟"和"一镬泡"这两个说法。

"一镬熟"原意是指将几样食材一起放在锅里，不管次序一次过煮熟，后来被引申为同归于尽、抱着一起死的意思。例如看警匪片，那些挟持人质被警方包围的匪徒，就最喜欢讲"你们不要过来，一镬熟㗎！"

而"一镬泡"则是指煮食的时候技术不佳，将食物煮得"融融烂烂"，甚至还起泡，都不知道是吃好还是不吃好，继而就引申为乱七八糟的意思。

食死猫

死猫食唔过

大家都知道，广东人号称什么都敢吃，所以粤语里面很多词都与饮食有关，这次又给大家介绍一个：食死猫。

食死猫，在粤语里面是被人冤枉、替人背锅的意思，相传这个词的来由确实与一只死猫有关。话说早年某个村的村民一日偶然在井边打水的时候发现了一只死猫，他一时贪吃，把死猫拿回家煮了吃。结果被猫主人知道之后，竟然诬陷他不但偷猫，还把猫给吃了。事情闹到村里祠堂，主事的长辈也不清楚来龙去脉，只知道这位村民确实吃了猫，于是断定他偷窃，将他赶出村十年不许回来。因为这件事，后来大家就用"食死猫"，来形容被人冤枉、替人背黑锅的情形了。

卸膊

做人做事不能"卸膊"

大家在日常的工作、生活之中，经常会遇到一些喜欢推卸责任的人，这种行为我们在粤语里面称为"卸膊"。

膊，也就是肩膀，粤语里称为"膊头"。以前一般人家没有其他运输工具，又没有快递，都是靠肩膀挑担运送物资，所以肩膀也就被视为担当责任的象征，如果一群人一起搬运东西，一个人不想出力，侧一下肩膀，将自己肩膀上的负担卸去一部分，此所谓"侧侧膊，唔多觉"，那就不但增加了其他人的负担，甚至还会影响整个搬运工作。这种行为在粤语里面就被称为"卸膊"。

后来，卸膊被引申为推卸责任的意思，与普通话里的"撂挑子"可谓有异曲同工之妙。

蛇王

蛇王的两种含义

粤语里面说一个人"蛇王",有两种可能性。

第一种,是指一个人从事的是捕蛇工作,或者开专门吃蛇的店,通常大家在称呼他的时候,就会在"蛇王"后面加上他的姓氏或者名字,例如"蛇王李"、"蛇王彪"之类。广东地区以往有一些专门吃蛇的餐馆,也以"蛇王X"来命名,例如著名的"蛇王满",就是创办于清朝的老字号。

而另一个意思,则是指一个人偷懒的意思。蛇是冷血动物,平时并不热衷于活动,不捕食的时候都是盘成一团,一动不动,给人很懒的感觉。所以粤语里面就用"蛇王"来形容一个人偷懒了。例如家长对赖床的孩子说:"快点起来做功课啦,不要蛇王啦!"

有风驶尽𦪖

"有风"要不要"驶尽𦪖"?

有风驶尽𦪖的"𦪖",在古汉语里原为一种船的名称,后来泛指一般的船只。也有人认为此处应是"𢃇"字,指风帆之意。

古代的船大都靠风力行驶,顺风的时候航行起来自然轻松愉快,如果没有风甚至逆风,那就举步维艰了。所以,趁着顺风的时候扬尽风帆全速前进,就是所谓的"有风驶尽𦪖"。

不过这个"有风驶尽𦪖",在粤语里面却是个贬义词,往往用于形容人一朝得志就为所欲为,肆无忌惮不知收敛的意思。在日常使用的时候,通常用于警告他人:"喂,你唔好有风驶尽𦪖啵!"

原来,中国人讲究物极必反,认为盈不可久,做事不可太尽。所以即使遇到顺风顺水的时候,也要注意不能肆无忌惮,应该保持适度的警惕和谦逊,正如开船航行,即使遇到顺风,也不能走得太快,以免船失控遭遇危险。

所以,在粤语里面"有风驶尽𦪖",并不是顺势而为的意思,而是为所欲为,暗藏风险之意。大家可要记住,有风,都唔好驶尽𦪖啊!

冇掩鸡笼

"自出自入"

新冠疫情发生后,为了防止疫情传播,很多地方的社区或者大楼都实行封闭管理,以策安全。那如果有一个社区完全不设防,让人随便进入,这个状况在粤语里就称为"冇掩鸡笼"啦。

广东人喜欢吃鸡,很多粤语的俚语都与鸡有关。以前装运鸡只,一般都是用竹篾做的鸡笼,为了方便装入拿出,鸡笼都会有个可以活动的盖,这个盖称之为"掩"。如果一个鸡笼没有了这个"掩",那么里面的鸡就可以随便走出来,外面的鸡也可以随便走进去,这个鸡笼就毫无作用了。所以粤语里面,就用"冇掩鸡笼",来形容那些完全不设防,或者管理不善,让人随意进出的场所,因此还有个歇后语,叫"冇掩鸡笼——自出自入"。

㩒磋

㩒磋，这两个字你认得吗？

在粤语里面形容一个人做事的手段阴险，不正当，会说他手段"㩒磋"。"㩒磋"这个词的原意是指肮脏、杂乱不堪的意思，例如古诗里面就有"旧日琴书都㩒磋，新年行步渐羸垂"的诗句。

这个词在现代普通话里已经几乎消失不见，㩒磋两字也很少有人认识，但在粤语里面这个词依然是常用词，只是意思有了一点变化，从形容实物引申为形容行事的作风、手段。所以如果有人说某某人"好㩒磋"，那么此人就不是外表肮脏不讲卫生，而是人品有问题了。

为什么唱双簧被称为"扯猫尾"?

"扯猫尾",在粤语里面是唱双簧、串通好做戏给人看的意思。那为什么这样的行为被称为扯猫尾呢?

养过猫的朋友应该都知道,猫的尾巴特别敏感,一旦被踩到就会痛得怪叫一声乃至抓人咬人,粤语里面还会用"踩到条猫尾"来形容踩中人的痛处,那如果一个人看起来在用力扯猫尾,一定是跟猫合伙在做戏给人看,否则猫必定会大吵大闹,反应很大。所以粤语里面就用"扯猫尾"来形容唱双簧串通造假的情形了。

除此之外,还有一个说法,认为"猫尾",是古粤语里面"谬为"的近似音,谬为也就是作伪,所以后来就用扯猫尾,来形容造假。不过这个说法似乎太过牵强,可信程度不是太高。

摆乌龙

摆乌龙的由来

大家看足球赛听粤语旁述，讲到有球员失误将球射入自己的球门，都会称之为"摆乌龙"，现在这个词普通话的解说也会用了。

摆乌龙在粤语里面，是不慎搞错的意思，据说这个词源自于一个广东民间传说。话说早年广东地区遭遇大旱，老百姓纷纷向上天祷告，希望青龙快快现身，带来雨水，以滋润庄稼和万物。

不知道是祷告不够诚心，还是老天爷有心作弄，百姓拜祭之后，龙倒是来了，但不是带来降雨的青龙，而是带来灾难的乌龙！结果民间被这条乌龙一搅，就更是麻烦不断。

大家都觉得这必定是老天爷搞错了，把乌龙和青龙搞混了，所以后来就用"摆乌龙"来形容不小心搞错，或者不慎做错事的情形。足球场上将球射入自己的龙门里，自然也是其中之一了。

做惯乞儿懒做官

记得有段时间，新闻里面有时会报道一些职业乞丐，他们乞讨的时候"烂身烂世"（衣衫褴褛），一到收工就"身光颈靓"（衣着光鲜）高消费。

这些职业乞丐收入这么高，自然很有动力继续做下去。但在以前，做乞丐讨回来的钱仅仅够糊口，还被人看不起。然而，还是有人觉得做乞丐挺好，每天什么工作都不用做，坐着就有钱收，自由自在，你让他去做别的工作他还不愿意，老一辈的广东人就将他们称为"做惯乞儿懒做官"。

当然，不会有人让乞丐去做官，但有些懒散惯的乞丐不愿从事其他工作，倒也并非罕见的事。而这句"做惯乞儿懒做官"，也不仅用于形容乞丐，对于那些习惯了懒惰或自由散漫，不愿意辛苦工作或者承担责任受束缚的人，也可以用这句话来形容。

有事钟无艳，
无事夏迎春

　　如果你有一个朋友，出了什么事就来找你帮忙，平时没事就电话也没有一个，问候也没有一句，对于这种人，在粤语里有一个非常形象的说法，叫"有事钟无艳，无事夏迎春"。

　　据说，钟无艳是战国时期的齐国人，当时齐国国君齐宣王整天游手好闲，无心国事，齐国国势一日不如一日。钟无艳是一位长相丑陋但才华横溢的女子，她主动向齐宣王进谏，献上一套治国之策。齐宣王倒是从谏如流，不但采纳了她的建议，还将她封为皇后，在钟无艳的帮助之下，将齐国治理得蒸蒸日上。

　　不过齐宣王毕竟是个男人，难免会喜欢年轻貌美的女子，所以平时无事，就喜欢与美艳的妃子夏迎春寻欢作乐，一旦出了什么问题，就找钟无艳商量如何解决。这一段故事后来被演绎成各种戏曲文艺作品，于是就有了这一句"有事钟无艳，无事夏迎春"，用来形容那些有事就找人帮忙，没事就不管不理的人。

一砖豆腐想升仙

粤语里面形容一个人自以为是，懂一点点就自以为很厉害，又或者心气高学东西做事想一步登天，有个很有趣的说法，叫"一砖豆腐想升仙"。

那么，豆腐和升仙究竟有什么关系呢？

原来，相传西汉的时候，淮南王刘安热衷于修仙练道，他平日喜欢喝豆浆，经常一边炼丹一边喝豆浆。有一次，他观察丹炉看得太入神，忘记了手上端着豆浆，随手一撒就将豆浆泼到炼丹的石膏之上。隔了一会，他发现石膏和豆浆融为一体，成了一块又白又滑又嫩的东西，刘安尝了一口发现十分美味，于是继续试验，最后发明了豆腐。

至于"一砖豆腐想升仙"这个说法，应该与豆腐的这个故事有关，而且修道之人或者出家人都吃豆制品比较多，所以很多人觉得吃豆腐是修仙的方法，但只吃一块，无论如何都是不够的。那些吃一块豆腐就觉得自己会升仙的人，当然是自以为是，异想天开啦。

上屋搬下屋，唔见一箩谷

搬过家的朋友应该都知道，搬家实在是一件很麻烦的事，要整理收拾、打包、搬迁，十分辛苦。而且在搬家的过程之中，很容易造成损失，例如物件的丢失、运输途中的损坏、一些固定物件的拆卸重装等等，都会造成不同程度的损失。在粤语里面，对这个状况可以用一句非常地道的俗语来形容："上屋搬下屋，唔见一箩谷"。

以前农村人家搬家也好，搬运仓储的粮食也好，谷物是最重要的物资。这句话的意思是说，即使从楼上搬到楼下这么短距离的简单搬迁，都难免造成一箩谷的损失，如果要搬远一点，恐怕损失就更大了。

后来随着城市发展，需要搬运谷物的情况渐渐减少，但这句话却流传了下来，用来形容在变动之中难免造成的损失，也暗含一动不如一静的意味。

屎坑关刀

"文又唔得,武又唔得"

粤语里面有不少歇后语,都十分生动有趣而又意味深长。例如形容一个人没什么本事,毫无强项,粤语里面会说这个人"屎坑关刀"。

那么何谓"屎坑关刀"呢?这个其实很容易理解,"屎坑",也就是茅厕。一把关刀放在茅厕里面,当然臭不可闻,所以"闻又唔得";而茅厕地方浅窄,舞动关刀的话不但舞不起来,而且分分钟沾上排泄物,十分恶心,所以"舞又唔得"。

这把关刀既不能闻,也不能舞,"闻"与"文"同音,"舞"与"武"同音,所以一个人如果毫无本事,毫无特长,那就像这把屎坑里面的关刀一样,文又唔得,武又唔得,没有一样行了。

执条袜带累副身家

粤语里面有很多俚语俗语，都透射出不少人生哲理智慧，例如"执条袜带累副身家"，就告诉我们要节制欲望，知足常乐，不能因小失大的道理。

那为什么执条袜带会导致累副身家呢？原来这句俗语讲的是有人捡到一双漂亮的袜带，觉得捡到便宜了，于是就想去买双好的袜子来搭配；买了好袜子，又觉得要买一双好鞋子才衬得起；买了好鞋子，自然忍不住想买好衣服；买了好衣服，又需要买个漂亮包包、珠宝首饰……如此一来，因为捡到一副袜带，就不知不觉把钱都花光了，这就是"执条袜带累副身家"的原因。

这句俗语对于现在一些抵制不了欲望的"剁手党"来说，还真是一句警世名言呢。

食得咸鱼抵得渴

广东地区地处沿海,江河又多,以前很多居民都以打鱼为生。因为鲜鱼保质期短,时间一长就容易变坏,所以很多人就会腌制咸鱼,以便长时间保存,并且发展出各种风味的咸鱼。渐渐地,咸鱼就成了广东地区一个重要的食材,咸鱼蒸肉饼更是家常菜的一味。

不过,咸鱼虽然好味,但因为味道太咸,一般都是用来送饭,空口吃的话很容易口渴。"食得咸鱼抵得渴"这句俗语,就正是从吃咸鱼的过程中体会出来的人生哲理。

西谚有云:"欲戴皇冠,必承其重",意思是做任何事都会有代价。正如咸鱼虽然美味,但吃咸鱼就要抵受咸味带来的口渴后果。做人做事不能够心存侥幸,要对事情的后果有所准备。这个道理,不论古今中外,都是一致的。

黄鳝上沙滩

"唔死一身潺"

在普通话里,形容一个人虽然逃过一劫,但也损失惨重,叫做"不死也脱一层皮"。而在粤语里面,则有一个更为生动的歇后语,叫"黄鳝上沙滩,唔死一身潺"。

大家都知道,黄鳝是水里面生活的动物,上了沙滩也就没有了水,就会缺水而死。所以黄鳝到了一些没有水的地方会本能地分泌出一种黏液,在粤语里面叫做"潺",用来保持身体所需的水分,尽可能保住性命。

所以粤语里面就用黄鳝的这个特点,来形容那些遇到大麻烦的人,说他们像上了沙滩的黄鳝一样,就算能够保住一命,但搞得浑身都是"潺",也是损失惨重的了。

新鲜萝卜皮

"新鲜萝卜皮"究竟是什么？

粤语里面有一句骂人的话，叫"你以为自己系咩新丝萝卜皮啊？"，意思是你以为自己很矜贵很"巴闭"（厉害）吗？那么为什么"新丝萝卜皮"，是矜贵的意思呢？

原来在明清两代，对于服饰有严格的要求，只有贵族和官员才能穿高级的服饰，尤其在清朝，关外满族贵族喜欢穿毛皮大衣，普通百姓则不能随便穿。

不过到了王朝后期，规矩渐渐放松，广东的富人就喜欢穿毛皮大衣炫耀，其中一款小白羊毛皮大衣，因为羊毛纤细像细萝卜丝，所以被称为"细丝萝卜皮"，后来讲得多了，大家也搞不清原意，就渐渐讲成了"新丝萝卜皮"，或者"新鲜萝卜皮"了。

> 踢晒脚
> 一脚踢

粤语里面有很多词语，都是来自于本地的生活方式，例如香港地区流行跑马，就由此产生了不少相关的粤语俚语。

在粤语里面，"踢晒脚"，是忙不过来的意思，这个词正是来自于跑马。因为一群马赛跑的时候，前后脚交替迅速，在旁边看起来就像马脚互相在踢一样，此所谓"踢脚"，而事实上也确实发生过马匹踢到自己脚的情况。因为马蹄杂乱无章，看起来忙乱非常，所以粤语里面就用"踢脚""踢晒脚"，来形容忙不过来的情形了。

至于"一脚踢"，则来自另一个生活场景。话说以前有钱人家请女佣，会分为近身、洗熨、煮饭、打杂四个岗位。不过一般来说只有大户人家才会分这么细，钱少的人家请女佣，往往一个人要做齐四个岗位的工作，此所谓"一脚踢"，也就是一个人做完所有事情的意思了。

那么，一个人做事要"一脚踢"，当然就会经常忙到"踢晒脚"啦。

揪秤

"揪秤"原来真的是揪住把秤

粤语里面,"揪秤"是对人表示质疑,或者评头品足、有诸多意见的意思,而这个词的来源,也确实和秤有关。

话说以前买卖东西,尤其是食品,一般都以重量为计算单位,如此一来称重就是重要的计价手段,而那些无良商家自然也会在秤上下工夫造假,此所谓"呃秤"。而那些发现自己被骗上当的人,当然就会揪住造假的秤与对方理论啦,这个抓住对方的秤的行为,就是所谓"揪秤"了。

所以,揪秤这个词原本只有质疑对方的意思,而后来还逐渐引申为评头品足、提意见的意思了。

受人二分四，做到嗦晒气

粤语里面，打工仔表达打工的无奈，通常都会自称"受人二分四，冇计啦"，那么这个"二分四"究竟是什么东西呢？

原来，在清朝末年，外来的银元被称为"鹰洋"，因为成色足，标准化程度高，所以很受市民欢迎，流通广泛，后来清政府、北洋政府也不甘人后，铸造自己的银元。这些银元被统称为"大洋"。

一个大洋的标准重量为七钱二分。而当时广东地区的码头工人一个月的工资一般是一个大洋，分摊到一个月三十天里，每天是二分四厘，也就是所谓的"二分四"。所以"受人二分四"，也就是受雇于人、帮人打工的意思。而"嗦晒气"则是气喘吁吁的意思。因此"受人二分四，做到嗦晒气"，用来形容打工仔的艰辛。

新屎坑,三日香

对于新鲜事物,大部分人都会有好奇心,所以一开始接触的时候往往兴致勃勃。但时间稍微一长,新鲜感过去了,这份兴致其实很容易消退。例如我们买玩具给小朋友,一开始的时候他可能爱不释手,但过几天新鲜感没有了,就很容易丢到一边,找新玩具玩了。对于这种情况,粤语里面称之为"新屎坑,三日香"。

屎坑本来当然是臭不可闻的,但刚刚修好的时候,还是挺有新鲜感的,而且使用的次数不多,也不会太臭,所以大家就说,新屎坑,前三天是香的,过了三天就臭了,此所谓"新屎坑,三日香"。这句话用来形容一些人对新鲜事物只有三分钟热度,实在是非常形象又贴切。

生意不好,唯有"食谷种"

有时遇上经济大环境不太好,有不少商家都说生意不好做,赚不到钱,唯有"食谷种"。

所谓"食谷种",指的是吃老本度日的状况。

谷种,就是谷物的种子,一般来说种子都是用来播种耕种,希望能有所收获的。但如果环境不好,连饭都吃不饱,为了维持生计,就只好连作为种子的谷物都先吃掉,以免饿肚皮了。而引申开来,"食谷种",就是将原本可以用来投资获取收益的本钱都用于支付日常开支,以渡过难关的意思了。

除了做生意之外,没有工作收入,只能靠以前的积蓄度日的情形,也被称为"食谷种"。

同台食饭，各自修行

在粤语里面，有些俗语应用在不同的场景之中，往往有着不同的含义。例如"同台食饭，各自修行"这句颇有禅意的话，针对不同的情况，就有不同的意味。

所谓修行，是佛教的用语，指的是信徒为了摆脱尘世的欲望而进行的修炼。所以"同台食饭，各自修行"，就是虽然在同一个环境之中，但各人有各人努力，各自有各自发展的意思。

这句话有时会用来作争拗之用，例如两个人在做一件事的时候合作不来，就会说："同台食饭，各自修行啦"，意思就是咱们各做各的，没必要合作了。

但另一方面，这个词也可以用来排解纷争。例如以前大家庭一家人坐在一起吃饭，有时难免有争吵，老人家就会劝解道："同台食饭，各自修行啦，唔好吵咁多啦，家和万事兴啊！"这句话在这里，则是叫大家管好自己的事，不要太多过问别人的意思。

手指拗出唔拗入

我们的手指，为了方便握物，关节都是向内弯曲，不能向外弯曲的。在粤语里面，就用"手指拗入唔拗出"，来形容一个人总是会偏帮自己人的情形。

不过凡事皆有例外。有时，我们也会遇到有些人偏帮外人，而不站在自己人那一边，这个时候，我们就可以将他们称之为"手指拗出唔拗入"了。例如我们看家庭伦理剧，经常看到有的父母责怪女儿偏帮丈夫或者夫家，就会骂她："衰女！手指拗出唔拗入！"

不过，所谓"拗出"和"拗入"，关键还是看当事人自己的认知，有可能你觉得他和你是自己人，其实他将你当外人，你觉得他手指唔拗入，但他自己却觉得自己其实是在拗入呢。

谁跟谁是自己人，还真是很难说呢。

龙床不如狗窦

"龙床不如狗窦"这句话是用来形容再好、再舒适的地方以及再矜贵的器具都比不上自己熟悉的环境、自己用惯的物事。

龙床,众所周知就是皇宫里皇帝睡的床。"狗窦"这个词则是自嘲自讽的用语,窦作"窝"解,狗窦就是狗窝,在粤语中常引喻为自己的家,通常都是谦虚之意,但有时也有自我揶揄的意思。清代沈复的《浮生六记》中就有"然则我家系狗窦耶?"的句子。

一个人去到陌生的地方,就算新环境条件优越,可以接触到例如龙床这样高级的玩意,但是新鲜感其实很快就会退去,毕竟离开了自己熟悉和亲切的环境,事事都不那么得心应手。所以即便自己家里条件差得多,甚至像狗窝一样简陋不堪,但在自己眼里,还是觉得家中更为亲切,自然会感叹:"龙床不如狗窦!"

密实姑娘假正经

正所谓知人知面不知心,一个人的外表和他的内心,往往未必一致。尤其是女性,往往因为社会传统和观念,导致她们尽量表现得比较保守,以免引来不好的评价。但实际上哪个少女不怀春,女性有心仪的对象,有正常的欲望,也是非常自然的事。但在旧时,这种态度不能表现出来,否则会被认为不正经,被人看不起。所以,有些表面保守的女性,内心其实未必如此,于是就有了一个说法叫"密实姑娘假正经",说的就是这种情况了。

后来,这句话也被引申为心口不一,装模作样的意思,未必一定就仅仅用在女性身上。

另外,很多人认为这句话的前面还有一句,至于是哪一句就有不同说法,有的说是"叽喳姑娘心性定",说的是那些开朗多话的女生往往反而比较单纯;另一个说法则是"斯文男子生鸡精",说的是那些表面斯文的男子,其实内心的欲望也是很强烈的。

剃人眼眉

不要随便"剃人眼眉"

很多人化妆的时候,都需要剃眉毛,但如果你把剃眉毛说成是"剃眼眉",那么在粤语里面就是一个不好的词了。

粤语里面的"剃人眼眉",是下别人面子,让人出丑的意思。自古以来,眉在五官之中的作用都非常重要,古人认为眉不但影响外貌,还会影响一个人的运势,所以对于剃眉毛是十分小心在意的,如果被剃掉了可是非常出丑的事。当然,女子自己剃掉之后画眉就另当别论。

于是,一个人如果被对方当面把眼眉给剃掉了,实在是非常的没面子,所以粤语就用"剃人眼眉",来表达令人出丑、让人没面子的做法。例如说"你这样搞是要明剃我眼眉吗?"意思就是"你这样做是摆明了不给我面子,要我出丑吗?"

三口六面

为什么"三口六面"才能讲清楚?

粤语地区的人如果发生了什么争执、误会需要当面澄清,通常就会说要"三口六面讲清楚"。为什么讲清楚一定要三口六面呢?

三口,是指三个人三张口。因为两个人各执一词,公说公有理婆说婆有理,又没有旁证,只会越说越不清楚,这时候就需要至少有一个第三方在场,才能作出判定,所以要讲清楚事情或者澄清误会,起码需要三个人三张口。而六面,则是指每个人有两边脸,一共六面,面面相对,也就是当面说清楚之意了。

例如你在单位与同事有争执,就可以说"去老板面前三口六面讲清楚",而不能说"我和你三口六面讲清楚",因为两个人没办法"三口六面",也没办法讲得清楚。

行船走马三分险

人生在世,难免会遇到风险,但如何看待和掌控风险,却因人而异。对于风险的态度,往往决定了事情的成败。

有句广府地区的老人家经常讲到的俗语,叫"行船走马三分险",说的正是出来做事,难免会有风险的道理,但接下来如何对待,就各有各的态度了。例如老人家说这句话的时候,往往着意于提醒年轻人,告诉他们做事要谨慎,千万不要随便冒险。

而比较进取的年轻人讲这句话的时候,表达的往往是既然凡事皆有风险,那总不能什么都不做,不冒险哪里有成功的机会?

所以即使是同一句俗语,如何去理解和把握,还是要看个人的态度呢。

大良阿斗官

大良阿斗官，是个什么官？

对于富豪的子女，我们现在通常称为富二代，官员的子女则称为官二代，而对于那些只会依靠父母余荫，不求上进甚至随意挥霍的富二代官二代，我们通常一律称之为"二世祖"，这个典故出自于秦二世胡亥，大家应该都比较熟悉。而在粤语里面对于二世祖，还有个很有趣的称呼，叫"大良阿斗官"，这个称呼又是怎么来的呢？

原来当年在顺德有位县太爷，因为晚年得子，所以对儿子十分溺爱，导致这个儿子好吃懒做，不学无术。结果这位县太爷死后，他的儿子很快花光家里的积蓄，从富家子弟变成穷光蛋了。大家见他如此败家，就称他为"阿斗官"，他是官家子弟，又好像当年刘备的儿子阿斗刘禅一样败家。

当时县官的衙门设在顺德大良，所以大家又将他称为"大良阿斗官"，后来这个词就成了"二世祖"、败家子的代名词了。

为什么伴郎叫做"戥穿石"？

年轻男女结婚举办婚礼的时候，通常新郎新娘都要各找一个人全程陪伴，男方称为伴郎，女方称为伴娘。不过伴郎伴娘是比较现代的讲法，在粤语里面，伴娘通常称为"姊妹"，而伴郎则称为"戥穿石"。

为什么伴郎称为"戥穿石"呢？关于这个词的出处有两个说法。第一个，是来源于水上人家。话说渔船出海的时候，因为还没有渔获船身比较轻，所以通常会放一些石头用来稳定船身，这些石头叫做"艃砖石"。因为这些石头与伴郎在迎亲队伍中起的作用有些相似，所以口口相传之下，伴郎就被称为"戥穿石"。

而另一个说法，则是说以前有个名叫邓穿的人，有次他要挑一头猪到市集上卖，但只有一头猪没办法平衡，挑起来很困难，于是他在扁担的另一头挂了一块大石头用来平衡。大家觉得他这个做法很傻，就叫他"邓穿石"。因为这块石头起陪衬作用，与伴郎相似，而"戥"字在粤语里有平衡、对称的意思，所以后来大家就把伴郎称为"戥穿石"了。

无声狗，咬死人

养狗或者喜欢狗的朋友可能都知道，狗有很多不同的种类，各有不同的特点。有的狗看起来很大很凶，但其实性格温顺；有的狗表面上不太乱吼乱叫，但其实性情凶猛，一不小心容易伤人。

而在我们日常的工作生活之中，也会有各种各样性格的人，有的人性格比较急躁张扬，一遇到事情就大呼小叫，但其实心地不坏，对人并无恶意；但有的人平时不露声色，不声不响，但其实暗藏祸心，一遇到机会就置人于死地。对于这种人，粤语里面称之为"无声狗，咬死人"，说这类人就像那些不太喜欢乱叫，但其实容易伤人的狗一样。遇到这样的人，千万要打起精神，不要被他们表面形象蒙蔽。

边有咁大只蛤乸随街跳

西方有句谚语，叫"天下没有免费的午餐"，讲的是凡事皆有成本、皆有代价，那些看起来免费的东西其实背后往往隐藏着更高的代价。

而在粤语里面，这个道理有一个更加通俗、更加接地气的表达方式，叫做"边有咁大只蛤乸随街跳"。"蛤乸"，就是青蛙，又称为田鸡，是以往在广东地区很受欢迎的食材，所以通常只要被人看到，都会变成餐桌上的美食，如果你看到一只很大的蛤乸在街上活蹦乱跳，那可算是一件很不可思议的事。

而这一句"边有咁大只蛤乸随街跳"，意在提醒那些以为自己捡到便宜的人，告诉他们世界上没有那么好的事，背后恐怕有蹊跷。

人往往喜欢贪小便宜，而很多骗局都是利用人性的这个弱点来设计，哄人上当。所以看到便宜的时候，我们一定要提醒一下自己："边有咁大只蛤乸随街跳吖？"

跪地饩猪乸

"睇钱份上"

大家知道赚钱不容易，尤其从事服务行业，或者服务甲方客户的时候，往往相当受气，这个时候，广东人就会无奈地自嘲："无计啦，跪地饩猪乸，睇钱份上。"说的是为了赚钱，辛苦一点受点气也是没有办法的事。

那么，何谓"跪地饩猪乸"呢？相传以前有一个农民，家中十分贫困，房子都快塌了。他家里养了一头老母猪，刚刚生了一窝小猪，他自然希望小猪快点长大，可以卖钱修房子。那么要养好小猪，当然要喂饱母猪，而这个时候母猪经常要躺着喂奶，这位农民朋友要喂母猪，就只能跪在地上来喂。旁人见到这个状况，就问他为何要这样喂猪？他摇头道："没办法啦，等钱修房子嘛，睇钱份上啰。"

所以后来，就有了这句"跪地饩猪乸，睇钱份上"的歇后语。而"饩"字是个古字，指祭祀用的牲畜或者送人食物饲料之意，在粤语里面用作喂养牲畜的动词。

千拣万拣，拣个烂灯盏

在粤语里面，形容一个人千挑万选，最后却选到不好的结果，有句俗语叫"千拣万拣，拣个烂灯盏"。

相传这句话出自一个婚姻故事。话说早年某个村里面有个年轻人长得高大帅气，来提亲的人络绎不绝，但他全都看不上眼，原来他看中了一位在茶山上见过一眼的姑娘。后来好不容易，被他找到这位姑娘，娶回家中，却发现这位姑娘好吃懒做，不事生产。更要命的是七个月后就生了个儿子，弄得大家都怀疑这个孩子是不是她老公的。于是，村里人都笑话这个年轻人，说他"千拣万拣，拣个烂灯盏"。

这句俗语通常都用在男女婚嫁之上，指男女在选择的时候过于挑剔，最后却没选到好对象。不过后来引申开来，也用于形容其他类似的状况。

杀人放火金腰带，
修桥整路冇尸骸

"杀人放火金腰带，修桥整路冇尸骸"，是一句民间俗谚，具体的出处已经很难考究，但在香港的影视作品里面经常可以听到，最为大家所熟悉的，可能是《无间道》里面也有这句台词。

虽然我们大部分人都期望好人有好报，但在现实当中，有时会呈现出相反的情况。那些无恶不作的人靠罪恶的手段赚得盆满钵满，有的甚至身居高位；而那些老老实实勤恳工作的普通人，则得不到重视和回报，例如那些修桥铺路的工人，有的因为辛劳而死，甚至都得不到好好的安葬。

这种理想与现实的反差，自古以来就存在，很残酷但却很真实，即使到了现代也不能杜绝。我们要努力建立现代法治文明的社会，就是希望能让这种现象得到有效的控制，尽可能让好人有好报，作恶的人得到应有的惩罚。

瘦田冇人耕，耕开有人争

在粤语的俗语和俚语里面，有不少看起来很通俗接地气，但实际上暗藏着十分深刻的道理，对人性的观察十分到位。例如"瘦田冇人耕，耕开有人争"这句话，就很形象地刻画出人性之中因为贪念而进行非理性竞争的心态。

一块贫瘠的田地，本来没有人愿意去耕种，但如果忽然有人跑去耕种，其他人的心理就会发生变化，他们会觉得别人愿意去耕种这块瘦田，说不定是有什么不为人知的利益，于是也就争先恐后地去抢着耕种，很容易就形成恶性竞争。

当然，如果这块瘦田经过率先耕种的人的努力，逐渐变得肥沃起来，有所收成，那么这个时候，抢着来分一杯羹的人自然就更多了。

这种情况，对于那些率先努力开荒的人来说，当然是很大的打击。所以我们现在提倡保护知识产权，就是要防止这种"瘦田冇人耕，耕开有人争"的情况。

三元宫土地"锡身"

三元宫，是广府地区著名的道教宫观，位于广州市应元路，是岭南地区现存历史较长、规模较大的道教建筑。三元宫相传是东晋南海太守鲍靓创建，最初名为越岗院，鲍靓的女儿鲍姑是东晋道家名人葛洪的妻子，曾经在这里居住修道，为当地人治病。后来到了明朝的时候，越岗院重修，命名为三元宫。

三元宫里面供奉有土地公，关于这个土地公，本地人有个歇后语，叫"三元宫土地——锡身"，意思是指一个人过于爱惜自己，不太敢于冒险。那么三元里的土地公难道真的是锡做的吗？

其实，三元里的土地公是用石刻的，实际上是石身。只是因为"石"和"锡"在粤语里面发音相近，所以以讹传讹，三元里的土地公就被说成了用锡做的。而锡在粤语里面与"爱锡"的锡同音，所以就有了这一句歇后语，"三元里土地——锡身"了。

倒泻箩蟹

"好头痕"

在粤语里面,形容乱七八糟、手忙脚乱,有个非常生动的形容词,叫"倒泻箩蟹"。

现在大家去买蟹,通常卖家都会提前将蟹绑好,以方便买家携带,也避免蟹会乱跑。但在以前,卖蟹的人通常都是用一个洞很大的竹箩将活蟹装在里面,方便买家观察蟹是否生猛,确认购买之后,就将蟹只从箩里面取出来用水草绑好过秤。

因为蟹笼上面有个活动的盖,如果一旦打翻,蟹就会从笼子里面跑出来,爬得到处都是,要一只只抓回去,自然就手忙脚乱,十分麻烦。

所以粤语就用"倒泻箩蟹"来形容手忙脚乱、乱七八糟的情形了。另外,"泻"字在这里读成粤语"写"的音,根据考据,以前"写"与"泻"是通假字,所以在读音上习惯读成"倒写箩蟹"。

揦手唔成势

"揦手唔成势"源于戏班?

粤语里面形容手忙脚乱、不知所措的情形,除了"倒泻箩蟹"之外,还有一个词,叫做"揦手唔成势"。

"揦"字,在粤语里面是抓起、抓住的意思,而所谓"揦手",其实是以前戏班的用语,说的是做好手部动作,摆好姿势的意思。如果一个演员还没有摆好姿势,戏已经开演,这个演员就难免手忙脚乱,不知道如何是好,此所谓"揦手唔成势"。戏台之上,如果自己还未摆好姿势,对手就已经开演,当然会措手不及,如果演的是武戏对打,分分钟还会中招。所以这个词除了形容手忙脚乱之外,也有措手不及、迅雷不及掩耳的意思。

兜踎

"兜踎"，究竟有多糟糕？

在粤语里面，形容一个人际遇很差、环境不好，有个很地道的说法叫做"兜踎"。例如在周星驰的电影《逃学威龙》里面，他被人"炖冬菇"去做交通警察，遇到做卧底时的学生，就被人嘲笑他"周sir，点解咁兜踎？"

"兜踎"这个词一般会讲粤语的人都会用，但具体是哪两个字，如何解释，就未必人人知道。其实这个词的解释很简单，就是形容一个人好像乞丐一样，拿着个"兜"，"踎"在街边，这个状况一看就知道际遇不佳，此所谓"兜踎"。

"兜踎"这个词的意思，与我们之前介绍过的"折堕"有些相似，但就程度而言，似乎"兜踎"相对比较轻一些。

外母见女婿，口水嗲嗲滞

自古以来，婆媳关系可以说是个千古难题，婆婆和儿媳妇相处向来都很困难。而形成很大反差的是，岳母和女婿则往往相处良好，还有个"外母见女婿，口水嗲嗲滞"的说法。

这句话原本是用来形容未来岳母见到准女婿的情形，因为女婿上门拜见未来岳母大人，通常都会投其所好，带上礼物手信，博取未来岳母的欢心，以娶得美人归。而在旧时，男方向女方提亲，更加需要三书六礼、彩礼也要提前谈好，所以准岳母见到准女婿，就像看到个人肉提款机一样，自然总是心情大好，看到礼物礼金，贪心一点的难免就"流晒口水"了。当然，现代社会，彩礼已经没那么重要，狮子大张口的岳母已经比较少了，所以这句话也会用来形容岳母和女婿相处融洽。

而除此之外，公公和儿媳妇通常也容易相处融洽，格外疏爽，所以"外母见女婿，口水嗲嗲滞"后面其实还有一句："家公见新抱，孤寒变阔佬。"

未食五月粽，寒衣未入栊

　　广东地区因为地处岭南，气候情况与北方地区差别很大，所以关于天气气候的俗谚，也颇具地方特色。

　　例如在农历三、四月的时候，天气往往乍暖还寒，变化多端，热起来几乎跟夏天一样，但冷起来也还会跟冬天差不多。所以老人家就总结出一个规律：没到端午节，都不能把家里的衣物换季，将冬天的衣物收起。于是，就有了一句谚语，叫做"未食五月粽，寒衣未入栊"，也就是不到过完端午节，都不能把冬天的衣物收到收藏衣物的箱子里。这句话也是要提醒大家，农历三、四月天气还很容易转凉，一定要注意保暖才好。

　　不过，过了端午节，很快就又到台风季了，所以在有的地方，这句话后面其实还有一句："食过五月粽，唔到百日又翻风。"

冇咁大个头，唔好戴咁大顶帽

在社会里面，一个人有志向，希望取得更高成就，得到更高的荣誉地位，可以说是人之常情。但西谚有云："欲戴皇冠，必承其重"，一个人在得到一定的荣誉地位的同时，往往也需要承担相应的责任，而要承担这些责任，则需要相应的能力。如果能力不足，那么这顶皇冠有可能把人压垮。

正因为如此，粤语里面有一句俗语，叫"冇咁大个头，就唔好戴咁大顶帽"，意在提醒大家，一个人没有那么大的本事，就不要心气太高，想去争夺太高的荣誉地位，因为荣誉地位带来的不仅仅是利益，还有责任和压力。头不够大，是撑不起大帽子的。

塞窦窿

"塞窦窿"竟然源自恶俗?

对于天真可爱、调皮活泼的小朋友,粤语里面往往会称之为"塞窦窿",有时家长也会把自己的小孩称为"塞窦窿"或者"化骨龙"。

但关于"塞窦窿"这个说法的来源,据说竟然是来自一个古时候的恶俗。

传说古代在洪水为患的地方,为了防止堤坝被河水冲缺,有的迷信之人竟会将小孩放入堤坝的排水口内,这些排水口被称为"窦窿",而这些牺牲的小孩则被称为"塞窦窿"。这种惨无人道的做法,与古代以活人祭祀的习俗有关,到了后来就渐渐消失了,只留下"塞窦窿"这个词,被用作对小孩的称呼。

除此之外,还有另一个说法,认为以前一些堕水小童的尸体会堵塞鱼塘排水的闸口,这些闸口被称为"窦",于是就将这些小童的尸体称为"塞窦窿"。

所以"塞窦窿"这个词,在以前多少带一点咒骂的意思。不过到了近现代,大家已渐渐遗忘这个词的来源,在使用的时候也就去除了贬义和恶意,将一般的小孩甚至自己的子女也称为"塞窦窿"了。

化骨龙

化骨龙究竟是什么龙?

在粤语里面,很多父母都喜欢将自己的小孩称为"化骨龙",除了有谦称的意思之外,也隐含着养小孩不容易的意味。例如影视作品里,就常见到父母说自己家里"成窦化骨龙",意思是说自己一家小孩嗷嗷待哺,生活不易。

那么这个化骨龙,究竟是什么龙呢?

根据民间传说,所谓化骨龙,指的是龙生九子里面的饕餮,传说此兽极度贪食,怎么吃都吃不饱。早年经济发展比较落后,百姓生计艰难,养个小孩在家天天吃饭,暂时没有经济贡献,家长自然觉得自己的小孩就像"化骨龙"一样,怎么吃都吃不饱,把家里都吃穷了。所以就用"化骨龙"来形容自己的子女,表达养育儿女的艰难。

不过到了现在,随着经济不断发展,家庭环境越来越好,物质条件越来越丰富,很多家长不但不怕小孩贪吃把家里吃穷,反而害怕小孩不吃东西,营养不够充足,如果自己的小孩是个爱吃的"化骨龙",家长可能还更高兴呢。

岩巉

不要随便说人"岩巉"

用粤语来形容一个人或者一个事物不好看,有很多不同的表达方式,例如"肉酸""核凸""样衰",每一个词都有各自的侧重点。如果你要形容的这个事物有凹凸不平的特征,则可以用"岩巉"这个词。

所谓"岩巉",原意是指山峰险峻的意思,有点儿怪石嶙峋的味道,在明朝徐霞客的游记里面,就有"峭壁巉崖"的说法。所以在粤语里面,就被引申为表面凹凸不平、形状不完整的意思,继而就被广泛地应用在批评人或者事物外表不好看这一方面了。不过这个词用来形容人,确实比较刻薄,建议大家日常使用的时候,还是心存一点厚道,谨慎为好。

四四六六

在粤语里,通常说到要把事情讲清楚,或者调停矛盾,有个很特别的说法,叫做"四四六六拆翻掂",或者"四四六六拆掂佢"。这里的四四六六,指的是清楚明白、条理清晰的意思。那么这个说法究竟出自何处呢?

据说,这个词源自于宋代,当年达官贵人家中举办宴席,通常都会有专职的团队服务,这个团队有很细致的分工,称为"四司六局"。其中四司是指账设司、厨司、茶酒司、台盘司;而六局是指果子局、蜜煎局、菜蔬局、油烛局、香药局和排办局。

因为这"四司六局"做事清楚明白,分工明晰,而粤语里面"司"和"四"、"局"和"六"的发音都相近,所以后来就以"四四六六"来形容清楚明白、条理清晰的意思。一旦遇到有矛盾的时候,就需要双方讲清讲楚,"四四六六"将纠纷排解好。

论尽

"论尽"究竟是哪两个字?

在粤语里面形容一个人做事不小心、笨手笨脚、容易出错,有个词叫做"论尽",例如小朋友走路摔倒,家长就可以说"乜咁论尽啊?"又或者你不小心丢了家里的钥匙,不小心打翻了水杯等等,都可以用"论尽"这个词来形容。

不过"论尽"这个词很多人都会说,但很少有人会考究这两个字究竟是哪两个,一般都会用同音的"论尽"来表达。那么真正的"论尽"究竟是哪两个字呢?

据一些研究者考证,这个词的正确写法应该是:遴迍。据说这个词出自于宋代,用来形容年纪老迈行动拖沓不灵。这个词在普通话里面已经消失了,但在粤语里面则保留了下来,并成为了非常常用的日常用语。

而另外也有说法认为,"论尽"原来应该是"龙钟",意思也是指年纪老迈行动不便,后来发音逐渐变化,就演化成"论尽"的发音了。

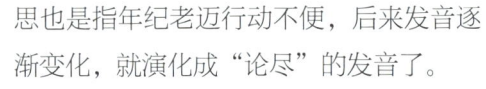

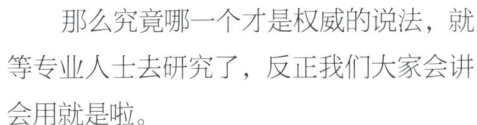

那么究竟哪一个才是权威的说法,就等专业人士去研究了,反正我们大家会讲会用就是啦。

食人只车

中国象棋，在广东地区曾经是一项极受大众喜爱的智力运动，拥有很好的群众基础，还曾涌现过杨官璘、吕钦、许银川等顶级国手。在没有电脑游戏的时代，下象棋可算是普通人最玩得起的游戏，早年不论是街头巷尾，还是公园树荫之下，都有不少下棋和围观的人。

下过中国象棋的朋友应该都知道，象棋里有所谓"公车马炮士象卒"的排序，"车"这个棋子排行第二，能够纵横直线来去，在棋局里面的作用很大，是仅次于"将""帅"的重要棋子。所以把对方的"车"吃掉，对对方伤害很大。

也正因为如此，在粤语里面就有个说法，叫做"食人只车"，是强行占对方大便宜、"揪住来抢"的意思。占人便宜，当然不是一件好事，强行占便宜，就更加遭人厌恶。

所以"食人只车"这个说法，往往用于反问或质问，例如"哇，咁贵，食人只车咩！""喂，你想食埋我只车啊？"

大鸡唔食细米

广东人喜欢吃鸡,自然也热衷于养鸡,在养鸡吃鸡的过程中,还总结出不少俚语俗语,颇有意思。例如"大鸡唔食细米",就是其中之一。

一般喂鸡的时候,如果鸡只还小,就会给小鸡喂较为细碎的米粒;而当鸡长大之后,就可以喂完整的大米粒。因为鸡会先把食物吃进嗉囊,然后再慢慢消化,所以不需要担心其吃得太胀。

从这个喂鸡的过程之中,就诞生了一句粤语俗语,叫"大鸡唔食细米",表面意思是鸡长大了,就不用吃细碎的米粒,而引申出来的意思,则是指有本事的人看不起低微的工作,或者大企业不愿意接小生意的意思。

虽然有人硬要灌鸡汤,说"大鸡唔食细米"是形容人志向远大,不在乎蝇头小利,但这句话在日常的应用里,通常都是暗含贬义,语带嘲讽。

例如说:"佢咁大间公司,边会做我哋生意啊,大鸡唔食细米啦!"

又或者:"人地名牌大学毕业,大鸡唔食细米,睇唔上我哋公司仔㗎啦!"

广东人向来讲求实际,做生意大小通吃,做事也不太会挑肥拣瘦,所以"大鸡唔食细米"的做事方式,其实在一般人看来,并不是一个好态度呢。

屋漏偏逢连夜雨，
船迟又遇顶头风

俗语有云："福无双至，祸不单行。"一个人倒霉起来，往往真的头头碰着黑。

对于这种状况，有一句比较形象的俗语，叫"屋漏偏逢连夜雨，船迟又遇顶头风"，房屋烂了偏偏还要连夜下雨，坐船本来已经迟了，又偏偏遇上逆风，确实令人十分头疼。

当然，除了客观情况之外，在遇到困境的时候人的心态也会受到影响，往往会不自觉地夸大负面情况，觉得人人都和自己作对，事事都不顺利。其实人生有起有伏，本来就是生活之中的常态。对于困境和困难，还是要努力以平常心去对待，摆脱负面情绪，尽自己的最大能力去渡过难关才是。

怕你怕过米贵

现在社会经济发展，物质丰富，一般情况下粮食供应都十分充足，不会有缺粮之苦。但在早年，别说是肉和菜，就算是作为主食的米，也曾经是非常紧缺的食物。

尤其是在20世纪三四十年代，因为米粮供应紧张，通货膨胀，再加上后来金圆券改革等原因，米价的波动相当剧烈。而当时的普通人家经济收入有限，一旦米价上涨，对一家的生计影响很大，有填不饱肚子之虞。所以当时的人对于米价的变化十分敏感。

也正因为如此，在粤语里就诞生了一个"怕你怕过米贵"的说法，作为"怕了你了"的一个夸张的说法，形容对一个人十分紧张害怕，程度甚至超过了米价上涨。

不过这句话的应用场景通常都是亲戚熟人乃至父母子女之间，例如子女要父母买玩具，父母拗不过，就会说"好啦好啦，怕你怕过米贵，买畀你啦"，大不了也是知难而退、妥协屈服之意，一般而言并非真的十分惊恐害怕。

大洲龙船

什么叫做"大洲龙船"?

对于那些不听教、不听话、骄纵的小朋友,粤语称为"生骨大头菜"。而除此之外,还有一个稍微冷门一点的说法,叫做"大洲龙船"。那么这个说法又是什么意思,怎么来的呢?

原来,以前岭南地区端午节赛龙舟,有两种不同的龙船,一种是用来比赛的"赛龙",而另一种是用于表演的"游龙",这种龙船一般船体宽阔,装饰华丽,比一般的龙舟要大得多。而早年在番禺钟村镇的大洲村,就出土过一条"游龙",长四十多米,宽四米,非常壮观。

正因如此,在番禺地区就有个歇后语,叫"大洲龙船——唔入滘",表面意思是说大洲的龙船太大,进不了小涌小滘。而"滘"字与"教育"的"教"字同音,所以这个歇后语其实是指小朋友不听话,不受教的意思。

刀仔锯大树

　　做人做事想要获得成功，有很多不同的途径和方法，有的人冲击力强一蹴而就，有的人则耐力持久，日子有功也能有一番成就。对于那些通过细小而持续的努力，试图去获取成功的做法，粤语里面有个很形象的说法，叫做"刀仔锯大树"。砍伐大树，一般来说当然要用锯、斧头等大型工具，而用小刀来锯大树，自然是很困难，也很难成功甚至很傻的事。但广东人向来讲求实干，认为不积跬步无以至千里，只要愿意努力坚持，日拱一卒，积少成多，也不是没有成功的希望，所以对于这种"刀仔锯大树"的做事方式与态度，往往也颇为认可。当然，也有人认为此语是不自量力，妄图以蚍蜉撼大树，又或是贪婪地想以小博大之意，是个含有嘲讽意味的贬义词。例如说："你想学人刀仔锯大树啊？发梦啦！"所以说，"刀仔锯大树"究竟是个褒义词还是个贬义词，还要看你自己的态度呢。

棱輷

"棱輷"，这两个是什么字?

粤语里面有很多词，大家虽然经常使用，但很少人知道文字应该怎么写，需要写的时候往往就用同音字来代替。例如粤语里面形容事情有蹊跷、别有内情，会说事情有"景轰"，而这个"景轰"，正式的写法应该写作"棱輷"。

棱輷这两个字，普通话读"linghong"，属于古汉语，现在已经很少用到，原本是指车轮滚过地面发出的轰鸣之声。因为古代车轮都是木制，又没有避震，所以在路上走过声响很大。

不过这个词来到粤语里面，就被引申为事情有蹊跷、有内情的意思，这个引申的逻辑现在已经很难考证，可能是觉得车轮滚滚的声音之下，必定隐藏着一些不可告人的秘密吧。

冇尾烧猪

"唔慌好事"

烧猪，是各种传统仪式中的必需品，不论红白喜事，祭祀仪式，开工动土，烧猪都是必不可少的。

那么没有尾巴的烧猪又是什么一回事呢？为什么粤语里面有"冇尾烧猪，唔慌好事"的说法呢？

关于这一句话的来由，有两个不同的说法。第一个，是认为以前广东地区有个习俗，大凡用烧猪来祭奠死者，必须要将烧猪的尾巴砍掉，以示与其他祭祀仪式不同。所以大凡是没有了尾巴的烧猪，自然就与死人有关，当然不是什么好事，所以就有了这一句"冇尾烧猪，唔慌好事"。

而另一个说法，则是认为早年广府人家娶媳妇，都会以"验红"的方式确认新娘是否是处女，一旦"验红"不成功，就会将新娘子退回娘家，随之而回的除了嫁妆之外，还会有一头割了尾巴的烧猪。这头烧猪等于向街坊宣布新娘被退婚，在旧时是很大的丑闻，所以就有了"冇尾烧猪，唔慌好事"的说法。

过咗海就系神仙

"八仙过海"的故事，是中国流传最广的神话故事之一，相信很多人都很熟悉。相传白云仙长有一次在蓬莱仙岛牡丹盛开时，邀请八仙及五圣共赏美景。在回程的路上，铁拐李建议不乘船不驾云雾而各自想办法渡海。这个建议得到了大家的赞同，于是八仙纷纷扔下自己的法器，有的用芭蕉扇、有的用荷花，各显神通，期间虽然遭遇四海龙王阻挠，但最终还是顺利渡海。由此，还诞生了"八仙过海，各显神通"的成语。

而除此之外，在粤语里还从这个故事衍生出一句俗语，叫"过咗海就系神仙"。这句话的意思是指只要能够顺利过关，就是成功，至于用的是什么办法手段，高明与否，那就不必追究，就像渡海的八仙一样，只要能够过海，那就证明自己是有本事的神仙了。

例如学生上学，有些同学就认为只要合格过关，能拿到文凭毕业就是成功，至于成绩如何则不必计较，这就是"过咗海就系神仙"的态度了。

不过，这种只要结果，不管过程的态度，显然不是一种负责任的态度，并不值得提倡。

执输行头，惨过败家

广东人做事积极，最怕执输——落后于人，所以有句俗语叫做"执输行头，惨过败家"。

这里的行头，指的是戏行里演员的服装、头饰、道具等。在戏台之上，行头对于戏曲演员来说至关重要，不但影响舞台形象和观众观感，而且对其在同行之中的地位也有所影响。旧时的戏行中人如果能添置一套高档的行头，是一件在同行之中很光彩的事。

而如果行头不光鲜，甚至穿错戴错用错，那么对演员和戏班都会有很大影响，所以在行头之上，万万不可以"执输"，否则就比败家——乱花钱还要惨。

除此之外，也有人认为"行头"应理解为抢先，这句俗语的意思是抢着去做那些不好的、吃亏的事，自然比败家还要惨。

至于哪个解释更为合理，大家不妨自己研究一番。

曹操都有知心友，关公亦有对头人

《三国演义》是中国四大古典名著之一，历来脍炙人口，更被演绎成各种戏曲、文艺作品代代相传，不断加深人们对其中人物的印象。

例如曹操，在《三国演义》里被写成反派，在各种戏曲里也是个大白脸奸臣；而关羽则成为了义薄云天的代表，被尊称为"关公"，在戏曲里也是红脸忠臣形象。所以在一般百姓心目之中，曹操是个大奸臣，而关羽是个大忠臣。

不过在现实社会中，不论多坏的人，也有自己的亲朋好友；不论多好的人，也难免有对头、对手，此乃社会普遍的现象，不以人的意志为转移。所以，在粤语里就有这样一句俗语："曹操都有知心友，关公亦有对头人"，形容世上什么人都有，即使像曹操这么坏的人都会有好朋友，而就算像关公这样的忠臣也难免有不喜欢自己的对头。

黄皮树鹩哥

"唔熟唔食"

在社会上有一类人,专门挑与自己关系好的、甚至有亲戚关系的熟人来坑蒙拐骗,这种人在粤语里有个说法,叫做"黄皮树鹩哥,唔熟唔食"。

黄皮,是广东地区盛产的水果,一般在荔枝季节之后上市,味道酸中带甜,富含维生素,果皮果核还可以入药,很受大众欢迎。不过如果黄皮果实还未成熟,就会相当酸苦,味道不佳。

而鹩哥,也就是八哥,据说很喜欢吃黄皮,所以每逢黄皮即将成熟的时候,就会飞到黄皮树上觅食。而且鹩哥有个本事,就是懂得挑选成熟的黄皮果实来吃,那些未成熟的酸苦黄皮它是不会碰的,相当之精明。

因为鹩哥有此一招,所以粤语里面就用"黄皮树鹩哥",来形容那些喜欢挑熟人来坑骗的人,指责他们"唔熟唔食"了。

一本通书读到老

通书，也称为黄历，因为"书"字与"输赢"的"输"同音，不够吉利，所以在粤语里又称为"通胜"，是传统民间广泛流传的历法书籍，里面除了日期之外，还包括阴阳历法、天干地支、天象地理、风云气候、节令农耕、风水吉凶等信息，可以说是古代的生活百科全书。古时候大凡遇到祭祀、婚嫁、动土、远游等大事，往往都会先查询通书，选择吉日操办。直到现代，依然有不少人有此习惯。

而且古代信息比较闭塞，教育还不普及，通书作为民间流传极广的读物，还有一定的知识普及作用，有的普通农耕之家，可能真的靠一部通书就能够指导一辈子的生活了。

不过后来随着社会不断发展，教育渐渐得到推广，即使在农村地区，耕读之家也越来越多，靠一本通书过日子，显然既不可能，更不合时宜了。所以，粤语里就产生了"一本通书读到老"的说法，用来讽刺一个人食古不化，不懂得与时俱进、灵活变通，只会用老眼光看新问题。

而到了现代，社会发展一日千里，人的受教育程度越来越高，接受信息的途径不断拓宽，"一本通书读到老"的态度，就更加要不得了。

罗汉请观音，客少主人多

罗汉斋，是粤菜里的一道名菜，关于此菜的来历，有个传说故事。

据说某年观音诞，十八罗汉为了试试观音是否灵验，跑到一座观音庙，大叫肚子饿。这时只见庙里供奉的观音眼皮一动，神台上就出现了新鲜的饭菜，让罗汉们吃了个饱。

事后，十八罗汉觉得如此叼扰观音，很是不好意思，就想回礼答谢。于是，他们十八个人分头去化缘，各得一种斋菜，然后组合起来做成一道菜式，回请观音食用，这道菜就是我们常说的"罗汉斋"了。所以最正宗的罗汉斋，需要有十八种食材，否则只能称为"上素"。

而从这个故事里，还生发出一句粤语俗语，叫"罗汉请观音，客少主人多"，形容做事的人多而工作任务少，或者支付费用时分担的人多，负担不大之意。因为在故事里观音请罗汉们吃饭，是一个请十八个，而罗汉宴请观音，则是十八个人合伙请一个，自然任务轻压力小了。

同人唔同命，同遮唔同柄

常言道："一命二运三风水"，每个人的命运际遇总是各有不同。有的人家境好，有的人天分高，有的人运气好，难免让一般人心生羡慕。即使是家世相同的同胞兄弟姐妹，命运往往也各有不同，差异颇大。

对于这种命运际遇的差异，粤语里就有一句俗语，感慨道："同人唔同命，同遮唔同柄。"

为什么会用"同遮唔同柄"，这句话来形容人的命运各有不同呢？"遮"，就是普语里的"伞"。原来，古代常用的油纸伞工艺比较单调，无非一个伞柄，一个伞架，一个伞面。而伞架和伞面能够做的花样不多，来来去去都是那个样子。尤其广东地区，雨水又多又大，不像江南地区的伞面会绘制各种图案，唯一能做出材质区别，做出不同特色的，就只有伞柄了，所以大街小巷里的伞看起来都差不多，但手柄则往往各有不同。

再加上粤语俗语讲求押韵，"命"字与"柄"字押韵，所以粤语里面就用"同遮唔同柄"，来比喻"同人唔同命"这个无奈的状况了。

太公分猪肉 "人人有份"

从前各乡各村每逢过节，通常都会杀猪祭祖拜神，以求风调雨顺、五谷丰登、万事顺利。

而在拜祭之后，就会由族中的长辈或者有名望的人负责将猪肉分发给家族的各家各户。以前因为经济发展水平低，肉食有限，猪肉颇为难得，所以分配的时候需要公平合理，否则容易引起纠纷。汉朝的名相陈平，早年就曾经在乡中负责分猪肉，因为分得公道而备受称赞，而陈平则感慨地说日后如果让他来分配天下，他也能像分猪肉一样分得大家都满意。

因为负责分猪肉的通常都是族中长辈，在粤语里面统称为"太公"，而因为家族之中的男丁都有份分到猪肉，所以就有了"太公分猪肉，人人有份"的说法，用来形容某个优惠或者好处人人都能够得到，不必你争我夺的意思。

当然，到了现代男女平等，人人有份就真的是人人都有份，不会只照顾男丁了。